纪检监察机关
派驻机构工作规则

中国法制出版社

图书在版编目（CIP）数据

纪检监察机关派驻机构工作规则／中国法制出版社编．—北京：中国法制出版社，2022.7（2022.8重印）
ISBN 978-7-5216-2750-3

Ⅰ.①纪… Ⅱ.①中… Ⅲ.①中国共产党-纪律检查-工作-规则②行政-监察-工作-规则-中国 Ⅳ.①D262.6②D630.9

中国版本图书馆 CIP 数据核字（2022）第 111019 号

纪检监察机关派驻机构工作规则
JIJIAN JIANCHA JIGUAN PAIZHU JIGOU GONGZUO GUIZE

经销/新华书店
印刷/北京海纳百川印刷有限公司
开本/850 毫米×1168 毫米 32 开　　印张/0.75　字数/10 千
版次/2022 年 7 月第 1 版　　2022 年 8 月第 2 次印刷

中国法制出版社出版
书号 ISBN 978-7-5216-2750-3　　定价：5.00 元

北京市西城区西便门西里甲 16 号西便门办公区
邮政编码：100053　　传真：010-63141600
网址：http：//www.zgfzs.com　　编辑部电话：010-63141804
市场营销部电话：010-63141612　　印务部电话：010-63141606

（如有印装质量问题，请与本社印务部联系。）

目　　录

中共中央办公厅印发《纪检监察机关派驻机构工作规则》[1]

近日，中共中央办公厅印发了《纪检监察机关派驻机构工作规则》（以下简称《规则》），并发出通知，要求各地区各部门认真遵照执行。

通知指出，《规则》坚持以习近平新时代中国特色社会主义思想为指导，深入贯彻党的十九大和十九届历次全会精神，着眼健全系统集成、协同高效的派驻监督体制机制，对各级纪检监察机关派驻机构的组织设置、领导体制、工作职责、履职程序、管理监督作出全面规范，对于推进派驻机构工作规范化、法治化、正规化，推动新时代派驻监督工作高质量发展，具有重要意义。

通知要求，各级党委要切实加强对纪检监察机关派驻机构工作的领导，不断完善派驻监督机制。党组（党委）要支持配合派驻机构工作，自觉接受派驻机构监督。

---

① 来源：《人民日报》2022 年 6 月 29 日 01 版。

各级纪委监委要推动派驻机构聚焦主责主业，更好发挥政治监督作用，加强对派驻机构及其干部的管理约束，坚决防治“灯下黑”。执行《规则》中的重要情况和建议，要及时报告党中央。

纪检监察机关派驻机构工作规则

（2022年6月2日中共中央政治局常委会会议审议批准　2022年6月22日中共中央办公厅发布）

第一章　总　　则

第一条　为了加强和规范纪检监察机关派驻机构工作，根据《中国共产党纪律检查委员会工作条例》和《中华人民共和国监察法》，制定本规则。

第二条　派驻机构工作坚持以习近平新时代中国特色社会主义思想为指导，增强"四个意识"、坚定"四个自信"、做到"两个维护"，坚持自我革命，坚持敢于斗争，坚持实事求是，深入贯彻全面从严治党战略方针，坚定不移推进党风廉政建设和反腐败斗争，建立健全系统集成、协同高效的派驻监督体制机制，增强"派"的权威和"驻"的优势，一体推进不敢腐、不能腐、不想腐，充分发挥监督保障执行、促进完善发展作用。

第三条　在党中央集中统一领导下，中央纪律检查委员会国家监察委员会向中央一级党和国家机关以及其他组织派驻纪检监察机构，地方各级纪律检查委员会监察委员会向本级党和国家机关以及其他组织派驻纪检监察机构。派驻机构是派出机关的组成部分，与驻在单位是监督和被监督的关系。

派驻机构应当强化政治监督，把坚持和加强党的领导贯穿工作全过程各方面，推动驻在单位切实做到“两个维护”，贯彻党的理论和路线方针政策，落实党中央决策部署。

第四条 派驻机构遵循以下原则开展工作：

（一）坚持党中央集中统一领导，强化组织自上而下的监督功能；

（二）坚持民主集中制，重要事项集体研究决定；

（三）坚持敢于善于监督，完善常态化监督工作机制；

（四）坚持职责定位，依规依纪依法履行职责；

（五）坚持各项监督统筹衔接，推动全面从严治党主体责任和监督责任一体落实；

（六）坚持监督与被监督相统一，自觉接受各方面监督。

第五条 派驻机构应当持续深化转职能、转方式、转作风，聚焦全面从严治党、党风廉政建设和反腐败工作，强化监督职责，突出工作重点，创新履职方式，有效运用“四种形态”，增强派驻监督全覆盖的有效性，推动派驻监督工作高质量发展。

第二章　组织设置

第六条　中央纪律检查委员会国家监察委员会向中央一级党和国家机关、中管金融企业派驻纪检监察组。地方各级纪律检查委员会监察委员会向本级党和国家机关、所管辖的国有金融企业派驻纪检监察组。

中央纪律检查委员会国家监察委员会、地方各级纪律检查委员会监察委员会按照规定向国有企业、普通高等学校等单位派驻纪检监察组；或者依法派驻监察机构，派驻监察专员并设立监察专员办公室，与该单位党的纪律检查机构合署办公。

对系统规模大、直属单位多、监督对象多的单位，可以单独派驻纪检监察组；对业务关联度高，或者需要统筹力量实施监督的相关单位，可以综合派驻纪检监察组。

第七条　派驻机构主要负责人按照规定担任驻在单位的党组（党委）成员，履行监督专责，不分管驻在单位工作。

派驻机构主要负责人实行交流任职、定期轮岗。

第八条　派驻机构的领导机构是组务会。组务会由派驻机构正职、副职组成。组务会会议学习贯彻落实党中央决策部署，贯彻中央纪委国家监委工作部署，落实派出机关工作安排，研究讨论管辖范围内纪检监察工作的重要问题、重要事项，按照权限讨论或者决定党纪政务处分等事项。

派驻机构应当健全组务会会议以及组长办公会议、专题会议等会议制度，完善议事决策机制。

第九条 派驻机构应当按照信访举报、监督检查、审查调查、案件监督管理、案件审理相互协调、相互制约的原则，结合实际设置内设机构或者明确人员分工。

第三章 领导体制

第十条 各级党委应当加强对纪检监察机关派驻机构工作的领导，健全机构设置、干部管理、工作保障等机制，听取纪律检查委员会监察委员会关于派驻监督工作的汇报，推动派驻机构履职尽责。

第十一条 驻在单位应当支持配合派驻机构工作，主动及时通报重要情况、重要问题，根据派驻机构工作需要提供有关材料，为派驻机构开展工作创造条件、提供保障。

第十二条 派驻机构由派出机关直接领导、统一管理，向派出机关负责，受派出机关监督。

各级纪律检查委员会常务委员会应当定期听取派驻监督工作情况报告。派出机关分管领导应当定期召开派驻机构负责人会议，经常同派驻机构主要负责人研究工作。

第十三条 派出机关相关部门根据职能职责，加强对派驻机构的指导、联系、服务和保障。

监督检查部门协助分管领导联系派驻机构日常工作：

（一）指导督促派驻机构履行职责；

（二）对派驻机构请示报告的问题、事项进行审核把关；

（三）对派出机关交办的重要案件、事项进行督促办理；

（四）办理派驻机构提请支持、协调的重要事项；

（五）向派驻机构通报驻在单位领导班子及其成员、驻在单位上级党委管理的其他人员的一般性问题和谈话提醒、批评教育、责令检查、诫勉谈话等情况；

（六）联系开展其他工作。

第十四条 派出机关相关部门应当会同派驻机构联合开展以下监督工作：

（一）开展专项检查，推动驻在单位落实党中央决策部署；

（二）研判驻在单位政治生态，有针对性地开展监督；

（三）开展专题调查研究，查找分析利用公共权力和资源设租寻租、离职后违规从业等行业性、系统性廉洁风险，向驻在单位提出意见建议或者督促开展专项治理；

（四）支持配合派出机关同级党委巡视巡察机构开展工作，对整改情况进行监督；

（五）推动驻在单位落实纪检监察建议；

（六）其他需要联合开展的监督工作。

第十五条 派出机关监督检查部门、审查调查部门对于派驻机构管辖的重大、复杂案件，经批准可以直接办理或者组织、指挥办理。

第十六条 派出机关相关部门应当指导、协调派驻机构与地方纪律检查委员会监察委员会协作开展以下工作：

（一）协同开展专项检查、专项监督，推动解决有关系统和领域的突出问题；

（二）协作采取监督检查、审查调查措施；

（三）协商确定驻在单位党员、干部以及监察对象涉嫌违纪和职务违法、职务犯罪案件的管辖，或者由派驻机构报请派出机关指定有关地方纪委监委管辖；

（四）联合审查调查驻在单位党员、干部以及监察对象涉嫌违纪和职务违法、职务犯罪案件；

（五）其他需要协作开展的工作。

第十七条 派出机关相关部门应当组织、指导各派驻机构之间协作配合开展以下工作：

（一）针对共性或者关联性问题同步开展专项监督；

（二）对重大、复杂案件进行联合审查调查；

（三）协作开展案件审理、复议复查和复审工作；

（四）对派出机关部署的重要工作落实情况开展交叉检查或者联合检查；

（五）联合开展调研、培训；

（六）其他需要协作配合开展的工作。

第十八条 派驻机构应当加强对驻在单位内设纪检机构及直属单位纪检机构的业务指导和监督检查，督促、支持其发挥职能作用，推动纪检干部队伍建设，加强政治教育和业务培训，协调人员力量开展监督执纪工作。

第十九条 派驻垂直管理单位的纪检监察组应当加强对驻在单位的下一级单位纪检机构的业务指导和监督检查，对驻在单位各级纪检机构的工作进行统筹，推动层层落实监督责任。下一级单位纪检机构的监督执纪工作以派驻纪检监察组领导为主，线索处置和案件查办在向同级党组（党委）报告的同时应当一并向派驻纪检监察组报告。

实行双重领导并以上级单位领导为主的单位，国有企业、国有金融企业的派驻机构工作，参照前款规定执行。

第二十条 各级纪律检查委员会监察委员会派出的机关纪检监察工作委员会，按照规定审理有关派驻机构审查调查的案件，定期向派出机关报告案件审理工作情况。在派出机关领导下，建立健全案件质量评查机制，向派驻机构反馈评查结果。

机关纪检监察工作委员会应当加强与派驻机构的沟通协调，对本级党和国家机关部门机关纪委的执纪审查工作进行协同指导。

第二十一条 派驻国有资产监管机构、教育行政部门等的纪检监察组，按照规定协助派出机关加强对国有企业、普通高等学校等单位派驻机构工作的指导，形成监督合力。

派驻国有资产监管机构的纪检监察组，应当加强对驻在单位党组（党委）管理领导班子的国有企业纪检机构监督执纪工作的领导。相关国有企业纪检机构的线索处置和案件查办在向同级党委报告的同时，应当一并向派驻纪检监察组报告。

第四章 工作职责

第二十二条 派驻机构依规依纪依法履行监督执纪问责和监督调查处置职责。

第二十三条 派驻机构应当把监督作为基本职责，结合驻在单位实际，重点监督检查以下情况：

（一）对党忠诚，践行党的性质宗旨情况；

（二）贯彻党的理论和路线方针政策、落实党中央决策部署、践行“两个维护”情况；

（三）落实全面从严治党主体责任、加强党风廉政建设和反腐败工作情况；

（四）贯彻执行民主集中制、依规依法履职用权、廉洁自律等情况。

第二十四条 派驻机构应当重点监督以下对象：

（一）驻在单位领导班子及其成员特别是主要负责人；

（二）驻在单位上级党委管理的其他人员；

（三）驻在单位党组（党委）管理的领导班子及其成员；

（四）其他列入重点监督对象的驻在单位人员。

第二十五条 派驻机构应当支持和督促驻在单位党组（党委）落实全面从严治党主体责任，协助其开展内部巡视巡察，推动驻在单位深化改革、健全制度、完善治理、防控风险。

第二十六条 派驻机构应当结合派驻监督工作情况，推动驻在单位党组（党委）开展全面从严治党、党风廉政建设和反腐败工作的形势任务教育，强化纪法教育、警示教育，推进廉洁文化建设，教育引导党员、干部以及监察对象修身律己，筑牢思想道德防线。

第二十七条 派驻机构对反映驻在单位党组织和党员、干部以及监察对象问题的检举控告，按照规定受理和处置。

第二十八条 派驻机构对驻在单位领导班子及其成员、驻在单位上级党委管理的其他人员涉嫌违纪和职务违法、职务犯罪问题线索，经批准可以参与派出机关的初步核实、审查调查工作。

第二十九条 派驻机构负责审查以下党组织和党员涉嫌违犯党纪的案件：

（一）驻在单位党组（党委）直接领导的党组织；

（二）驻在单位党组（党委）管理的领导班子成员；

（三）本规则第二十四条第四项规定的人员。

派驻机构必要时可以审查驻在单位党组（党委）管理的其他党组织和党员涉嫌违犯党纪的案件。

派驻机构根据派出机关授权，依法调查驻在单位监察对象涉嫌职务违法、职务犯罪案件。

第三十条 派驻机构按照管理权限，对违纪违法的驻在单位党组织和党员、干部以及监察对象进行处理处分，对不履行或者不正确履行职责的驻在单位党组织和领导干部进行问责。

第三十一条 派驻机构负责受理和处置以下申诉或者复审申请：

（一）党组织和党员对派驻机构所作处理决定不服的申诉；

（二）监察对象对派驻机构所作处理决定不服的复审申请；

（三）被调查人及其近亲属对派驻机构及其工作人员侵害被调查人合法权益行为的申诉。

对于派驻机构立案审查调查后由驻在单位作出处理决定案件的申诉或者复核申请，派驻机构应当协助驻在单位做好有关处置工作。

第五章　履 职 程 序

第三十二条　派驻机构开展日常监督应当深入实际、深入群众，监督方式包括：

（一）参加会议。参加或者列席驻在单位领导班子会议等重要会议，了解学习贯彻党中央决策部署以及上级党组织决定情况和班子成员的意见态度，“三重一大”决策制度执行情况，按照规定向派出机关报告。

（二）谈心谈话。同党员、干部和群众广泛谈心谈话，听取对监督对象的反映，发现监督对象存在苗头性、倾向性问题的，进行谈话提醒、批评教育。

（三）听取汇报。听取驻在单位党组（党委）管理的领导班子及其成员履行管党治党责任情况的汇报，发现责任落实不到位的，进行提醒纠正。

（四）查阅资料。按照规定查阅、复制驻在单位有关文件、资料、数据等材料，了解核实有关情况。

（五）沟通情况。加强与驻在单位机关党委、党委办公室和组织人事、巡视巡察、法规法务、财务审计等部门的沟通，及时发现和通报问题。

（六）分析研判。分析信访举报、党风廉政等情况，对典型性、普遍性问题向驻在单位提出意见建议。

（七）廉政把关。建立健全、动态更新驻在单位党组（党委）管理的领导干部廉政档案，严把党风廉政意见回复关。

（八）实地调查。开展驻点调研、现场核查，精准发现驻在单位存在的突出问题。

（九）其他开展日常监督的方式。

第三十三条 派驻机构应当严格执行报告制度，发现驻在单位领导班子及其成员重要问题、重要事项及时向派出机关报告。

派驻机构应当经常对驻在单位领导班子及其成员坚持党的领导、加强党的建设、履行全面从严治党主体责任情况以及党风廉政状况进行分析，每年向派出机关提交专题报告。

第三十四条 派驻机构应当定期会同驻在单位党组（党委）专题研究全面从严治党、党风廉政建设和反腐败工作。派出机关监督检查部门根据情况派员参加。

派驻机构主要负责人应当经常与驻在单位党组（党委）主要负责人就政治生态、作风建设、廉洁风险等情况交换意见，提出工作建议，督促完善有关制度措施。

第三十五条 派驻机构应当向驻在单位领导班子成员通报其分管部门和单位领导干部遵守党章党规党纪、

廉洁自律等情况，推动领导班子成员落实“一岗双责”要求，抓好分管部门和单位的党风廉政建设工作。

第三十六条 派驻机构对驻在单位开展内部巡视巡察提供以下协助：

（一）通报监督执纪执法中发现的问题；

（二）处置内部巡视巡察移交的问题线索；

（三）检查整改责任落实情况；

（四）其他协助内部巡视巡察的工作。

第三十七条 派驻机构应当指定专人负责管理涉嫌违纪和职务违法、职务犯罪问题线索，逐件编号登记，建立管理台账。

派驻机构应当结合日常监督掌握的情况，对问题线索进行综合分析、适当了解，采取谈话函询、初步核实、暂存待查、予以了结等方式进行处置。线索处置意见应当自收到线索之日起1个月内提出。

处置问题线索应当报派驻机构主要负责人审批，并按照规定报派出机关备案。

第三十八条 派驻机构经过初步核实，需要进行立案审查调查的，应当报派驻机构主要负责人审批。其中，对驻在单位党组（党委）直接领导的党组织、党组（党委）管理的领导班子成员中的正职领导干部立案和副职领导干部涉嫌严重职务违法、职务犯罪立案的，应当报派出机关审批。

派驻机构在立案前应当征求驻在单位党组（党委）主要负责人意见，对于有不同意见的应当报派出机关决定。确因安全保密等特殊情况，经派出机关同意，也可以在立案后及时向驻在单位党组（党委）主要负责人通报。

第三十九条 派驻机构按照规定报批后，可以依规依纪依法采取谈话、讯问、询问、留置、查询、冻结、搜查、调取、查封、扣押（暂扣、封存）、勘验检查、鉴定措施。对依法应当交有关机关执行的措施，报派出机关审批并以派出机关名义办理。

派驻机构应当对审查调查措施进行严格监管，建立措施使用台账，定期将有关情况报派出机关案件监督管理部门、监督检查部门备案。

第四十条 派驻机构审查调查工作结束后，应当按照规定进行审理，提出纪律处理或者党纪处分建议、拟作出的政务处分决定或者处分建议，通报驻在单位党组（党委）。

第四十一条 驻在单位党组（党委）按照权限和程序，对违纪的党组织、党员作出纪律处理或者党纪处分决定。

派驻机构按照管理权限，对违法的监察对象依法作出政务处分决定；建议驻在单位处分的，由驻在单位依法依规作出处分决定。

派驻机构提出的处理处分建议与驻在单位党组（党

委）的意见不同又不能协商一致的，由派驻机构报派出机关研究决定。

第四十二条 派驻机构发现驻在单位党组（党委）管理的党组织和领导干部失职失责造成严重后果或者恶劣影响，需要进行问责调查的，应当报派驻机构主要负责人审批后，启动问责调查程序。

派驻机构应当依规依纪依法开展问责调查，查明失职失责问题，按照管理权限作出问责决定，或者向有权作出问责决定的党组织（单位）提出问责建议。

对党组织采取改组方式问责的，按照党章和其他党内法规规定的权限、程序执行。对领导干部采取党纪政务处分方式问责的，按照本规则第三十八条、第四十条、第四十一条办理。

第四十三条 派驻机构对调查的监察对象和涉案人员涉嫌职务犯罪案件，经集体审议，认为犯罪事实清楚，证据确实、充分，需要追究刑事责任的，依法依规移送人民检察院审查起诉。

第四十四条 派驻机构发现驻在单位在贯彻党中央决策部署、落实全面从严治党主体责任、开展党风廉政建设以及决策机制、监督管理、制度执行等方面存在突出问题或者薄弱环节的，应当提出纪检监察建议。

派驻机构应当加强对驻在单位问题整改情况的监督检查，督促限期整改、反馈，推动纪检监察建议落实到位。

第六章　管 理 监 督

第四十五条　派驻机构必须坚持以习近平新时代中国特色社会主义思想武装头脑、指导实践、推动工作，以党的政治建设为统领推进党的各方面建设，教育引导派驻机构干部忠于职守、履职尽责，不断提高政治判断力、政治领悟力、政治执行力，带头增强“四个意识”、坚定“四个自信”、做到“两个维护”，发扬党的优良传统和作风，加强思想淬炼、政治历练、实践锻炼、专业训练，增强法治意识、程序意识、证据意识，建设政治素质高、忠诚干净担当、专业化能力强、敢于善于斗争的派驻机构干部队伍。

派驻机构党组织应当严格执行党的组织生活制度，推进党支部标准化规范化建设，增强党组织政治功能和组织力凝聚力，发挥战斗堡垒作用。

第四十六条　派出机关应当严把派驻机构干部入口关，按照干部管理权限统筹派出机关和派驻机构干部的选拔任用、人员交流、考核培训、监督管理，有计划地安排派驻机构干部参与派出机关工作、进行培养锻炼。

第四十七条　派出机关应当每年组织派驻机构主要负责人进行述责述廉。结合驻在单位特点，对派驻机构履行职责以及自身建设等方面情况进行考核。考核中，应当听取驻在单位领导班子和有关方面的意见，并将其作为考核的重要依据。

第四十八条 派驻机构应当加强规范化、法治化、正规化建设，明确职权范围，健全内控机制，规范工作流程和审批权限，完善回避、保密和过问、干预案件登记备案等管理制度，建立健全办案安全责任制，推动各项工作依规依纪依法进行。

第四十九条 派驻机构应当坚持打铁必须自身硬，坚持严的标准，勇于刀刃向内，牢固树立监督者更要自觉接受监督的意识，加强自我管理、自我约束，不断提高免疫力，切实防治“灯下黑”。

派驻机构应当接受派出机关同级党委巡视巡察监督和派出机关的管理监督，对所提监督意见进行整改落实，并报告整改情况。

派驻机构应当明确专门机构或者人员负责干部日常管理监督工作，及时汇总各方面意见，对自身权力运行的关键环节进行经常性检查，认真核查相关检举控告，按照规定将处置情况向派出机关干部监督部门报告。

派驻机构应当听取驻在单位领导班子对派驻机构工作的意见建议，认真研究处理，并及时反馈。自觉接受驻在单位党员、干部和群众的监督，畅通意见反映渠道，对反映的问题进行调查核实处置，不断完善制度、改进工作。

第五十条 派驻机构干部有跑风漏气、迟报瞒报、滥用职权、以案谋私以及其他违规违纪违法行为的，依规依纪依法严肃处理；构成犯罪的，依法追究刑事责任。

第五十一条 派驻机构及其领导干部不履行或者不正确履行职责，导致应当发现的问题没有发现，或者发现问题不报告不处置，执纪执法不严格不规范，造成严重后果或者恶劣影响的，予以严肃问责。

第七章 附 则

第五十二条 本规则涉及的审批权限均指最低审批权限，工作中根据需要可以按照更高层级的审批权限报批。

第五十三条 派驻国有企业、普通高等学校的监察机构、监察专员（监察专员办公室）除执行本规则外，还应当执行中央纪律检查委员会国家监察委员会相关规定。

第五十四条 中央军事委员会可以根据本规则制定相关细则。

第五十五条 本规则由中央纪律检查委员会国家监察委员会负责解释。

第五十六条 本规则自发布之日起施行。此前发布的其他有关纪检监察机关派驻机构工作的规定，凡与本规则不一致的，按照本规则执行。